Savadogo N. François

LES LOIS DE LA VIE

Tome 2

L'ALIMENTATION

AUTEURS
SAVADOGO N. François
(00226) 70 29 58 58/ (00226) 78 82 61 95
Dépôt légal BNB N°DL : 21-147 du 6/04/2021

ISBN : 9782492697081

Achevé d'imprimer en Mai 2021 par
IMPRIMERIE KOAMA SERVICES (I.K.S)
Tel. : +226 78 16 05 16 - E-mail : koams07@yahoo.fr
02 BP 5932 Ouagadougou 02 – BURKINA FASO
Numéro IFU 00014035J

Remerciements

Merci à ma grande famille pour le soutien inestimable de tous les jours.

A tous les membres de la famille riche du Coach Simon Ouédraogo Un grand merci à tous les écrivains et les penseurs de ce monde qui ont pris le soin de nous léguer des richesses inestimables. L'écrivain Alabibou Hamidou pour avoir accepté de mettre son talent au service d'une noble entreprise

. Je remercie toute l'équipe de Habitat et Voirie Afrique

Merci à l'agence LIGDI COMMUNICATION

Merci à SAVADOGO O. Raymond

Merci à PACOTOGO Ibrahim

Merci à Daniel KABORE

N. François SAVADOGO

A

Tous ceux qui veulent se sauver et sauver le monde par

une bonne utilisation des Lois de la Vie

Table des Matières

Avant-propos

Ce livre est la suite, (le Tome 2) du livre intitulé « **Les Lois de la Vie** ». Il a été écrit dans un souci d'approfondissement de la 2e des 5 lois qui constituent à la fois l'objet et la trame du premier livre. Et d'ailleurs, dans l'introduction de ce livre (qu'on peut à présent qualifier de Tome 1) il est dit que « *le monde dans lequel nous vivons, fonctionne exactement comme un pays étranger, et nous invite à suivre la même démarche durant notre existence. Sur terre, nous sommes des étrangers venus d'un autre monde. Si nous voulons que notre séjour en ce lieu d'accueil ait la moindre chance de bien se passer, nous devrons nous résoudre à scruter ses lois, analyser leurs fonctions, cerner leurs implications, observer leurs effets sur nos êtres, peser l'impact de leur ignorance sur notre quotidien et les répercussions de leur violation sur notre* *avenir. Oui ! Dans la vie, c'est sur des lois que tout est établi ».*

Comme il a été indiqué plus haut, ce Tome 2 porte sur la Loi de l'alimentation aux fins d'en faire un plus grand approfondissement. En effet, La LOI de l'ALIMENTATION est CONSUBSTANTIELLE à la vie humaine car une importante partie de l'énergie vitale de l'homme réside dans ce dont il se nourrit. La plupart de ses problèmes sanitaires découlent également de son alimentation. Par la LOI de l'ALIMENTATION, l'homme réduit la durée de sa vie ou la prolonge, de même qu'il accroit sa santé ou la diminue.

Mais quoi qu'on dise, force est de reconnaitre que la vie de l'homme ne se résume pas à l'alimentation, mais qu'une mauvaise alimentation peut résumer la vie de l'homme.

Introduction

Si la vie était une interrogation, l'être humain serait celui qui devrait y répondre. Mais, il se trouve que la vie n'est pas qu'une interrogation, elle est aussi une REPONSE. Tout dépend de comment les choses se présentent à nous. Si la vie nous semble être une interrogation, c'est que c'est à nous de lui trouver des réponses. Si par contre, elle nous parait être une REPONSE, c'est à nous de lui poser des questions.

Une des plus grandes questions que nous devons poser à la vie est de savoir, pourquoi, à l'époque qui est la nôtre, le monde est si gravement malade ?

Pourquoi de nos jours, plus que tout autre fois dans le temps, les gens se plaignent-ils des violences, des attentats terroristes, de la propagation des maladies incurables et de beaucoup de maux qui touchent l'humanité dans son entièreté ?

La vie, nous l'avons dit, est une réponse à tout ce que nous avons comme interrogation ; entrant dans le cadre du temporel. Il nous faut juste savoir recueillir ces réponses à partir du vécu des hommes sur la terre.

C'est à travers le vécu des hommes que la vie nous interroge, c'est à travers leur vécu qu'il nous interpelle, et c'est à travers ce vécu qu'il répond à nos questions et préoccupations.

Beaucoup de livres ont été écrits, beaucoup de films et de documentaires réalisés, et des tonnes de recherches effectuées pour faire la lumière autour des problèmes du monde et des crises qui le secouent. Et même si les conclusions de ces différents travaux semblent diverger sur beaucoup de points, elles ont toujours un dénominateur commun qui, sans dépendre d'elles, trouve sa place au cœur même de ce qui alimente la vie de l'homme. Il s'agit de son ALIMENTATION.

C'est d'autant vrai que sans l'alimentation, tous les autres pans de l'activité humaine sur terre resteraient en suspens. Il dépend, dans la vie de l'homme, plus de choses de l'alimentation qu'il ne le croit et qu'il ne peut l'imaginer. De même, il découle de cette dernière énormément de choses, tellement de choses que, s'il faille prendre soin de quelque chose en premier, ce serait elle.

Que pensent les Hommes de l'alimentation ? Quelle place lui accordent-ils eux-mêmes dans leur vie ? combien sont-ils à savoir que l'alimentation obéit à une loi de la récompense ou de la punition ?

Chapitre 1

QUESTIONNEMENT SUR LA LOI DE L'ALIMENTATION

1- Combien de fois les 7 Milliards de personnes présentes à la surface de la terre mangent-ils quotidiennement ?

Une personne en activité et en bonne santé, mange au moins trois fois par jours ; si on s'en tient aux repas traditionnels, pour ne pas dire nécessaires, voire obligatoires du matin, de la journée et du soir. Quelques anachorètes en font moins, mais la plupart des hommes qui en ont les moyens et l'occasion en font plus. Or, tout ce que l'homme se plait à répéter dans sa vie, y a forcément de l'importance.

Et tout ce qui a de l'importance emporte de nombreuses conséquences pour celui qui en est dépendant. Le rapport de l'homme à l'alimentation doit dès lors être un rapport réfléchi, un rapport qui repose sur le sens et non uniquement sur l'apparence. Car, il faut le dire, beaucoup ne questionne pas le sens de ce qu'ils mangent, ils se contentent de le consommer. C'est comme aller chaque matin au marché pour faire des achats sans se demander pour quelle utilité on paye tel ou tel denrée, et se contenter seulement de les acheter.

L'homme doit chercher le sens profond de ce pourquoi sa vie est si étroitement liée à l'alimentation pour devoir y recourir un nombre inculpable de fois au cours de son existence.

Une petite analogie nous permettra de mesurer la portée de ce qu'on défend ici. Le nombre impressionnant de respiration que l'homme doit effectuer pour le maintien durable de sa vie dépend, non pas du nombre de fois qu'il respire, mais de la qualité d'oxygène qu'il respire.

Il est indiscutable que, celui qui n'a comme source de respiration qu'un air pollué, qui respire l'odeur des toilettes ou la fumée qui se dégage du feu ne vivra pas longtemps, quel que soit par ailleurs le nombre de fois qu'il s'efforcera de les respirer ; ils finiront par l'étouffer.

Il en est de même pour l'alimentation de l'homme. Elle joue un rôle prépondérant dans la durabilité de la vie. Bien se nourrir avec des aliments sains n'a peut-être rien d'exceptionnel, mais le contraire a tout de mortel. Se nourrir d'aliments pourris, nocifs ou périmés c'est s'empoisonner littéralement.

Voici quelques questions auxquelles nous allons tenter de soumettre les lecteurs.

2- Quelle Quantité de nourriture le monde mange-t-il par jour ?

Si tel est qu'une personne active accomplit un cycle journalier de 3 repas, et que 7 Milliards de personnes peuplent en moyenne la planète terre, on peut estimer la quantité de nourriture consommé en 24h à plus de 100 Milliards de tonnes ; ce qui donne vraiment à réfléchir. Après l'oxygène qui est hautement consubstantielle à la vie et à son maintien, il n'est rien qui soit consommé en une si terrifiante quantité que la nourriture.

3- Quelles information les gens ont-ils sur les aliments qu'ils consomment ?

Les gens, ou pour dire le commun des mortels, n'a pas plus d'information sur les aliments qu'ils consomment au-delà de ce qu'on lui donne, le plus souvent, à des fins commerciales. Oui, un important commerce entoure les denrées et les recettes alimentaires, et la concurrence est tellement rude qu'il faut vanter avec exagération les vertus d'un produit ou d'un service alimentaire pour réussir à le vendre aux consommateurs débonnaires.

Hélas ! La plupart des consommateurs se fient à des informations de nature commerciale et ignorent ou négligent les informations qui touchent aux conséquences immédiates et lointaines de ces aliments sur leur vie, leur esprit, leur corps et sa vitalité.

4- Combien de personnes prêtent sérieusement attention aux effets de l'alimentation sur leur vie ?

On trouve 3 catégories de personnes qui se soucient sérieusement de leur alimentation :

- Ceux qui sont victimes d'une mauvaise alimentation pour en avoir été malades ou qui continuent à l'être ;
- Ceux qui en ont été témoins et qui craignent que les mêmes choses leur arrivent ;
- Ceux qui détiennent la science qui entoure l'alimentation et qui en respectent les règles.

5- Combien de personne savent que l'alimentation obéit à une sorte de Loi qui récompense ou qui punit ?

La nourriture ne sert pas qu'à chasser la faim du ventre ou à amuser la bouche avec des saveurs enchanteresses… encore faut-il qu'elle ne serve pas de cheval de Troie pour donner place à quelque chose de plus nocif que la faim… Qui soupçonne cela ? **très peu de gens** en effets, ne se doutent pas qu'en voulant manger un aliment pour se débarrasser de la faim, on peut introduire en notre organisme quelque chose de bien pire : une maladie, un microbe, voire un parasite.

6- Combien de personnes connaissent l'existence de cette Grande Loi de la vie ?

Malgré le progrès de la science, des médias, de la technologie et l'accès illimitée aux informations, trop de personnes ne connaissent jusque-là pas l'existence de la Loi de la Gravitation Universelle découverte depuis plus d'un siècle par Isaac Newton. Combien pensez-vous qui considèrent l'alimentation comme une loi agissant selon le même mécanisme que celle de la GRAVITATION ? reste à savoir s'ils accepteront d'abord d'y croire.

7- Combien de personnes y croient ?

Pour croire en quelque chose, il ne suffit pas d'en avoir l'information, il faut en avoir la compréhension et mieux, l'appréhension. Chaque jour, beaucoup de personnes sont informées de beaucoup de choses, mais cela ne suffit pas pour gagner leur croyance en ces choses. Si on prend le cas des nouvelles technologies comme le Business Numérique, trop de gens en entendent parler, même aux infos, mais préfèrent se dire que c'est un leurre, une illusion, une séduction d'escroc ou une sorte de manigance pour s'accaparer de leurs richesses.

8- Que faut-il comprendre par "Loi de l'Alimentation" ?

Une loi, quel que soit le domaine considéré, renvoie à une norme de conduite édictée par les hommes, imposée par la nature ou décidée par Dieu.

Ainsi, nous trouvons des lois humaines comme la loi de finance, la loi électorale, la loi successorale, etc. Nous trouvons des lois naturelles comme la loi de la Gravitation Universelle, la loi de la pesanteur, la loi du changement, etc. nous trouvons enfin des lois divines comme l'amour du prochain, la loi du talion, la loi de la sacralité de la vie, etc.

Chacune de ces lois indique une ligne de conduite à l'homme, lui enseigne une attitude ou le met en garde contre une conduite.

Dans chacune de ces différentes dimensions (société, rapport à la nature et rapport à Dieu), l'épanouissement, l'accomplissement et le rendement de l'homme dépendent de son degré de conformité à ces lois.

A titre d'exemple, celui qui ne se conforme aux lois sociales qu'à 10% sera gêné à 90% par les mesures adoptées en vue de veiller au respect de ces lois.

Celui qui ne respecte pas les lois naturelles qu'à 15% sera mis à mal par 85% des forces de la nature qui s'applique sur lui.

Pour finir, celui qui ne respecte les lois divines qu'à hauteur de 20% sera à 80% inquiété par ce qui touche à sa vie religieuse.

9- Que nous enseigne la Loi de l'Alimentation ?

La loi de l'alimentation nous enseigne que l'homme est à l'image de ce qu'il mange. Que la vie de l'homme ne se résume pas à l'alimentation, mais qu'une mauvaise alimentation peut résumer la vie de l'homme.

Chapitre 2

LE SYSTEME DE CONTRÔLE MINUTIEUX ENCADRANT L'ALIMENTATION DANS LA VIE DE L'HOMME

Avant qu'il ne soit ingurgité par l'homme et mêmes par les animaux, un aliment quelconque passe par tout un système de contrôle naturel d'une minutie surprenante. C'est en effet, tous les cinq sens de l'homme qui sont à l'assaut pour un diagnostic complet sur un aliment aux fins d'établir s'il mérite d'être consommé ou non. Déjà, dès qu'il pose le regard sur lui, son ouïe lui dit si cet aliment est pourri ou non, si un fruit est mûr ou non.

Le sens visuel de l'homme est donc le premier contrôleur qui scanne superficiellement certes, l'état d'un aliment. Cependant, comme on dit, les apparences sont trompeuses, donc l'homme peut croire qu'un aliment est sain, qu'un fruit est mûr, malgré que son apparence lui prouve le contraire.

Il ira donc le prendre dans sa main, où le deuxième contrôleur, son sens du toucher, se mettra automatiquement au travail pour l'avertir de la nature nocive ou non, de cet aliment. L'on peut par exemple juger à la simple vue d'une cuisse de poulet qui vient d'être servie, qu'elle n'est pas chaude, mais dès qu'on la touchera, on se rendra compte que oui. Il en va de mêmes des autres aliments. Ils peuvent nous paraitre sains à la vue, mais se révéler malsains au toucher. Mais, l'homme reste un être obstiné. Il peut se dire qu'un aliment ne se juge ni par la vue, ni par le touché ni par l'odorat, mais par la bouche qui en est le contrôleur par excellence. Il va donc ignorer ce que sa vue lui a dit, ce que son toucher et son odorat lui ont dit, et faire passer à l'aliment le test ultime en l'avalant pour laisser à sa bouche le soin de lui confirmer si ce que les autres sens lui disent sur cet aliment est avéré. Et naturellement si les premiers sens adoptent la même opinion sur la qualité d'un aliment, le sens du goût va le confirmer.

Mais tout cela ne suffit pas pour que certains fassent marche arrière. Ils vont décider de l'avaler. Après tout, se disent-ils, c'est à mon estomac d'en décider. Et c'est ainsi qu'ils mangent un aliment que leurs yeux, leur nez et leur bouche leur auront tous déconseillé. L'estomac va se retrouver piégé à digérer un aliment qui n'est d'aucun apport nutritif à l'organisme, pendant ce temps, l'homme est déjà passé à autre chose, ignorant que dans son ventre, une bataille terrible se déroule pour le protéger au mieux de l'aliment à risque dont il vient de se nourrir. Pour ne pas courir le risque d'empoisonner l'organisme, l'estomac va aussi effectuer un dernier contrôle avant de donner libre court à l'aliment dans le corps de l'homme.

Au bout du processus, l'homme recevra un dernier avertissement lorsqu'il ira à la selle. L'odeur et la puanteur de sa défection attireront son attention sur la nature de ce qu'il a mangé ; car à vrai dire, les aliments sains ne dégagent pas une puanteur agaçante, contrairement aux aliments impurs.

Il faut savoir qu'en matière d'alimentation, il y a aussi des accidents, comparables en leur genre, aux accidents de la circulation routière. Pour faire la simulation, il faut simplement considérer celui qui fait un accident au volant alors qu'il roulait juste à 30 Km/h, et un autre qui fait le même accident en roulant à 200 km/h. lequel des deux sera le plus gravement blessé ? il va de soi que c'est celui qui roule à 200 Km/h.

C'est la même chose en matière d'alimentation. Il y a ce qu'on peut appeler des excès de vitesse. Ces excès consistent à trop consommer ce qui n'est pas bien pour l'organisme sur une période assez durable. La conséquence en sera les nombreuses maladies qui vont se développer en l'homme tout comme les fractures de celui qui fait un accident pour excès de vitesse.

En fin de compte, les conséquences d'un excès de vitesse en circulation sont les accidents, et les conséquences d'un excès de mauvaise alimentation ce sont les maladies. Et s'il est reconnu que 90% des accidents sont causés par l'excès de vitesse, qu'il soit permis de dire que 90% des maladies sont liées à un excès de mauvaise alimentation.

Un homme qui a une voiture peut être amené à croire qu'il peut rouler à toutes les vitesses que lui indiquent son tableau de bord, sachant bien que certaines vitesses le mettent littéralement en danger. C'est de la même manière que l'homme croit avoir un droit de dégustation sur tous les aliments que ses yeux peuvent lui faire voir, sauf que dans ce cas précis, il ignore que cela le rend littéralement vulnérable aux maladies.

Par ailleurs, l'homme doit comprendre qu'il y a des maladies qu'il va contracter dans 10 ans à cause d'une alimentation malsaine qu'il entretient aujourd'hui.

Chapitre 3

L'ALIMENTATION EST LE MEDICAMENT DU MONDE

Faire de l'alimentation une panacée serait une exagération. Mais, un grand nombre de maladies dont le monde souffre trouve en l'alimentation leur remède. S'il n'est pas correct de dire que l'alimentation est le remède à tous les problèmes du monde, il est au moins vrai que celle-ci est le médicament de toutes les maladies d'origines nutritionnelles.

Nous tenons d'une histoire réelle, qu'une fois, dans un village peuplé par plus de 600 personnes, un étranger était venu pour travailler au compte d'une des familles du village. Pendant que ce dernier, venu d'un autre village, effectuait le travail pour lequel il s'est rendu dans le village ci-haut mentionné, une maladie se déclara. Tous les habitants du village furent mis en alerte ! Le niveau de vigilance passa au maximum.

Curieusement, l'étranger s'est avéré être le seul porteur de la maladie et n'a réussi à contaminer personne parmi les membres de la famille qui l'hébergeait alors. Surpris, un jeune garçon de ladite famille demanda à son grand-père : pourquoi personne d'autre que l'étranger, dans la famille, n'a contracté la maladie ? Pourtant on cohabite avec lui.

Et le grand-père de répondre : parce que cet étranger a mangé la cause de cette maladie avant d'arriver ici. Et que nous n'avons pas accès a ce qui cause cette maladie même si nous cohabitons avec quelqu'un qui en est atteint. En tout cas, s'agissant de cette maladie, une chose est sûre : pour en être atteint, il faut en avoir ingurgité un aliment qui le développe.

La leçon de l'histoire, c'est que l'alimentation suit l'homme jusqu' à la fin de sa vie car, tout ce que nous mangeons et buvons à forcément un impact sur notre vie, juste que ce n'est pas toujours immédiat.

Cela se lit d'ailleurs à travers le diagnostic des médecins pour leurs patients. On constate qu'ils leur conseillent dans les traitements qu'ils leur prescrivent, soit de manger un certain type d'aliment qui est en quantité insuffisante dans leur organisme, soit d'éviter un certain type aliment qui est en quantité excédante dans leur organisme. Parce que l'absence accrue ou la présence élevée d'un certain type d'aliment dans le corps entraine des conséquences notables.

Ne voyons-nous pas qu'un Imam qui se saoule n'est pas apte à diriger la prière ? qu'un prêtre qui se saoule n'est pas apte à diriger la Messe ? Cela parce qu'ils se sont abreuvés d'une boisson qui altère leur esprit, endort leur discernement et sabote leur mission tant qu'ils seront dans ces conditions.

La nourriture c'est la vie ! Les hommes doivent comprendre que s'ils se nourrissent d'aliments vivants, ils vivront longtemps, mais que s'ils se nourrissent d'aliments mortifère, ils mourront du même coup. Dieu Est Seul à savoir pourquoi il a lié si intimement la vie de l'homme à la respiration et à l'alimentation. Ces deux choses sont des amies inséparables de tous les jours. L'une ne va pas sans l'autre ! De même qu'on tient à respirer un air pur, on doit veiller à avoir une alimentation saine ; notre survie et l'équilibre de notre existence en dépendent fortement. S'il va de soi que celui qui respire de l'air chargé de fumée va finir par s'étouffer, il va sans dire que celui qui mange mal est tout aussi en train de s'intoxiquer.

Chapitre 4

L'HOMME EST A L'IMAGE DE CE QU'IL MANGE

L'expression « l'homme est à l'image de ce qu'il mange », peut, dans un sens plus philosophique, donner lieu à une interprétation débouchant jusqu'à la démarche et la manière par lesquelles l'homme se procure sa subsistance.

Pour éviter d'attaquer frontalement les hommes, l'exemple sera pris sur les animaux. A l'analyse, l'on s'aperçoit que les animaux qui chassent pour se nourrir sont très différents de ceux qui sont nourris sans aucun petit effort de leur part ; (comprenez par-là les animaux domestiques).

On voit immédiatement se dégager le contraste. Car les animaux qui chassent pour se nourrir sont plus intelligents, plus éveillés, et même plus responsables que les animaux oisifs qui attendent tout de leur maître. Il se produit la même chose avec l'homme. Lorsque ce dernier ne cherche pas lui-même sa subsistance, ses capacités s'endorment, il reste enfant pendant trop longtemps et ne devient responsable qu'un peu tardivement. C'est pourquoi il est fréquent de voir qu'un jeune de 12 ans venu du village pour travailler en ville va survivre même s'il n'a aucune connaissance ou que personne ne le soutient. C'est lié au fait qu'il a été entrainé dès le bas-âge à cultiver le champ qui va le nourrir, à cueillir les plantes qui feront sa sauce, à chasser l'oiseau dont il veut manger la viande et à creuser le puit à partir duquel il aura de l'eau pour ses multiples besoins humains.

Par contre, le jeune de la ville qui a 20 ans, a qui les parents ont tout donné, qui n'a jamais rien appris de comment ses parents font pour le nourrir, il suffit simplement qu'on le fasse changer de ville pour que sa vie périclite. Il est apathique, il ne sait rien faire, son esprit, pendant toute sa vie, a été endormi.

Parlant toujours des animaux, il se produit quelque chose d'autre, hormis le fait que ceux qui chassent sont plus intelligents que ceux qui sont nourris. Ce fait se remarque au travers de leur choix de nourriture. En effet, les animaux qui chassent pour manger savent bien de quoi ils ont besoin et travaillent à l'obtenir en chassant. Par contre, les animaux domestiques, bien que ne voulant pas tout le temps ce que leur donnent leurs maîtres, sont contraints de manger ce qui leur est servi d'autant plus qu'aucune autre alternative ne s'offre à eux ; ils ne savent pas chercher, ne peuvent pas trouver, et donc, doivent juste accepter ce qui leur est donné, bon gré mal gré. Ils sont semblables à des prisonniers qui n'ont pas le choix de ce qu'ils mangent, de là où ils dorment et de ce qu'il adviendra d'eux.

Pour finir la comparaison, toujours en prenant l'exemple des animaux, on peut remarquer que les animaux qui luttent pour gagner leur subsistance prennent du retard dans leur croissance, contrairement à ceux qui sont nourris gracieusement, dont le poids corporel explose prématurément. Cela occasionne des erreurs de jugements assez délicats ; on peut d'une part, voir un animal sauvage et croire qu'il est en très bas-âge, et d'autre part, croire qu'un animal domestique est très adulte à cause de sa taille ; pourtant derrière ses apparences il se passe quelque chose d'extrêmement important ! Cette chose est que l'esprit de l'animal prédateur est nourri des choses qu'il apprend pour survivre, son esprit grandit donc en même temps, sinon plus que son corps tandis que l'esprit de l'animal domestique ne croît pas, on ne le nourrit pas, son corps est seul à se développer au détriment de son intelligence qui est endormie sous le poids de tout ce qu'on lui fournit.

A présent nous pouvons établir l'analogie avec les hommes en disant non pas simplement que l'homme est à l'image de ce qu'il mange, mais surtout à l'image de la manière dont il se procure ce qu'il mange. De ce fait, tant qu'il ne cherche pas lui-même sa subsistance, il sera contraint de manger ce que les gens qui le nourrissent lui donnent, fussent-elles désagréables à son goût ou nuisibles à son organisme. Ensuite, tant que l'homme ne cherche pas lui-même sa subsistance, il n'entraine pas son esprit à grandir, à découvrir des stratégies ou des formules de survie. Enfin, son corps se mettra à prendre une dimension disproportionnée à celle de son intelligence, de sa maturité et même de sa responsabilité ; on va le prendre pour ce qu'il n'est pas.

Au final, celui qui détient une bonne démarche dans la quête de son alimentation, qui se nourrit bien, est généralement quelqu'un à l'imagination féconde, aux idées claires et aux actions constructives, contrairement à quelqu'un qui trouve sa subsistance par des manières non recommandables et qui, en plus de cela, se nourrit d'aliments malsains. Son imagination sera stérile, ses idées confuses et ses actions, la plupart du temps, compromettantes.

Recevoir à manger s'apparente à une forme de « colonisation » ; cela, pour dire qu'il y a de la colonisation en matière alimentaire. Être colonisé ne se limite pas seulement à être sous-domination étrangère, et d'ailleurs l'heure n'est plus à ce type de colonisation, celle-ci est devenue plus discrète, plus subtile et sournoise. Elle exerce son pouvoir sur les éléments essentiels à la vie comme la culture, la capacité d'auto-détermination ou la capacité à s'auto suffire sur le plan de l'alimentation, etc. il va de soi alors, que celui qui nous nourrit détient implicitement le pouvoir de nous coloniser.

Chapitre 5

TOUTE CHOSE DEPEND DE L'ETAT DE L'HOMME ET L'ETAT DE L'HOMME DEPEND DE SON ALIMENTATION

De quoi dépend la sécurité d'un véhicule ? L'efficacité d'un traitement ? La propreté d'une maison ? La rentabilité d'une activité ?

A cette série de questions, certains peuvent être tentés de répondre par diverses choses, vue que les questions touchent à des choses différentes de la vie. Ils pourraient par exemple dire que la sécurité d'une voiture dépend de son moteur, que l'efficacité d'un traitement dépend de ses composantes curatives, que la propreté d'une maison dépend des matériaux utilisés pour sa construction, et que

la rentabilité d'une activité repose sur les produits ou services qu'elle positionne sur le marché.
C'est, bien sûr là, un mode de raisonnement séduisant par sa facilité, mais déroutant par sa superficialité.

Oui ! La sécurité d'un véhicule dépend du conducteur, l'efficacité d'un traitement dépend du médecin, la propreté d'une maison dépend du propriétaire et la rentabilité d'une activité, de celui qui en est le gérant. C'est pour dire que toute chose qui est régie par l'homme dépend de l'état de celui-ci.

On aura beau confier un véhicule blindé à un chauffard, il commettra des accidents ; on aura beau confier des outils de soin ultradéveloppés à un médecin négligent, il en fera une mauvaise utilisation ; on aura beau confier une belle maison à un malpropre, il ne l'entretiendra pas ; et on aura beau nommé un fainéant

PDG de la première entreprise de ce monde, il la conduira à sa faillite.

Retenons que l'état des choses dont l'entretien appartient aux hommes, dépend non pas des choses elles-mêmes (elles ne sauraient avoir soin d'elles-mêmes en étant inanimées) mais de l'homme qui en répond.

L'homme pour sa part, change constamment d'état. Il peut être en bon ou en mauvais état, et ses états, pour la plupart sont liés à son alimentation. Sa lucidité d'esprit, son efficacité au travail, son comportement envers les autres et même la gestion de sa propre vie peuvent varier en fonction de son état.

Si par exemple, un jeune homme qui vient juste de signer son premier contrat professionnel, utilise ses revenus pour s'adonner à la consommation excessive de la bière ou d'autres produits enivrants, il va compromettre sa lucidité, diminuer son efficacité au travail, cela peut jouer sur son comportement, et chambouler la planification qu'il a faite de sa vie. Par contre, si ce dont l'homme s'alimente est bon, cela va le revigorer, accroitre son efficacité, parfaire son comportement et optimiser la gestion de sa vie.

Une preuve de cela, dans les pays développés à forte densité de population ; il y a peu d'accident de la route par exemple, comparativement aux pays sous-développés où il y a souvent moins de 10% de la population de certaines grandes puissances comme l'Amérique. Mais, le nombre d'accidents est plus élevé dans les pays sous-développés en raison du fait que beaucoup de conducteurs conduisent en état d'ébriété ; tout en étant sous l'emprise de substances psychotropes.

Cela fait qu'on retrouve beaucoup d'accidents, d'incidents, de bagarres ou de violences dans les endroits peuplés par ce genre d'individus, contrairement aux habitants d'autres pays qui, eux, sont plus regardants sur leur alimentation et ne tombent pas dans l'excès en matière de consommation de produits psychotropes.

Même le nombre de malades et de morts d'un pays, est lié pour une bonne partie, à la discipline ou à l'indiscipline alimentaire des habitants de ce pays. Suivant qu'ils mangent mal, ils tombent malades en grand nombre, et si les médecins qui doivent les soigner se trouvent eux-mêmes atteints de maux divers résultant d'une mauvaise alimentation, il va sans dire que le taux de mortalité sera toujours croissant.

Il a été découvert, d'ailleurs, que par les temps qui courent, certaines jeunes filles prennent des hormones de croissance pour que leurs rondeurs féminines apparaissent avant l'âge normal. Cela leur permettra d'aller à la prédation des hommes et se faire de l'argent facile. Le paramètre qu'elles ne maitrisent pas dans tout cela, c'est que la prise de ces différents produits ne joue pas que sur leurs formes féminines, mais aussi sur leurs dispositions d'esprit. Beaucoup finissent par tomber enceinte sans trop savoir comment ; elles qui croyaient pourtant avoir une parfaite maitrise de leurs corps et de leur situation.

Il en est de même pour les jeunes garçons qui se dopent aux anabolisants pour vite développer leur muscle, accélérer la croissance de leur corps et se dire enfin, je joue dans la cour des grands. Finalement, à côté de ces résultats qu'ils espèrent et qu'ils obtiennent quand même, ils se retrouvent dans de graves addictions qui les conduisent immanquablement à la perdition.

C'est eux qu'on retrouve raide morts pour cause d'overdose lors des championnats sportifs ; c'est eux qui finissent dans les centres de désintoxication ou dans les prisons pour cause de vente illégale de produits illicites.

Le retour à la raison commande que l'homme comprenne qu'il n'est pas avantageux pour sa santé et son être, d'avoir une mauvaise alimentation. Pour vivre longtemps, heureux et à l’abri des maladies, il faut prendre grand soin de son alimentation.

Conclusion

Le monde se conduit envers une personne ou un animal de la même manière que ceux-ci se comportent vis-à-vis de leur alimentation. Et d'ailleurs, tout porte à croire que l'alimentation de l'homme se répercute de plein fouet sur son IMAGINATION ; une imagination qui ne décide pas d'elle-même, mais qui prend racine au plus profonde de l'alimentation sous-jacente à elle.

Grâce à la loi de l'alimentation, l'homme a en quelque sorte, le pouvoir de jouer sur la qualité de sa vie et celle de son état de santé. Ce serait dommage qu'il ne s'en serve pas à bon escient.

En définitive, il faut retenir que la théorie de l'effet boomerang tant répandue en psychologie, en politique ou en économie s'observe aussi sur le plan alimentaire en ce sens où tout ce dont l'homme se nourrit reviendra à lui.

LES 12 CODES DU CERVEAU

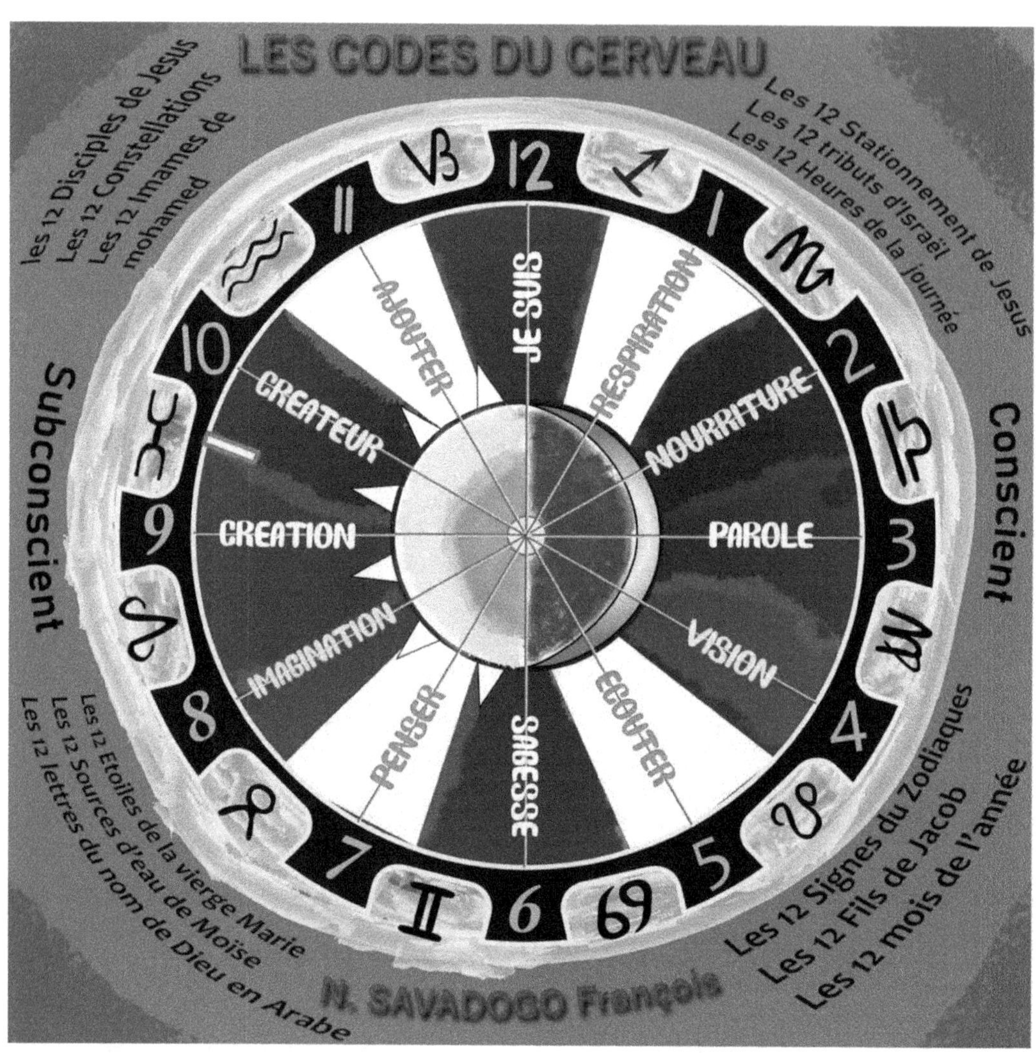

Savadogo Nabonswendé François, Auteur du livre les Lois de la vie, PDG de Habitat-Voirie Afrique & Lauréat du prix PADEV Kigali 2020